AF242889

LES

TROIS IMPROMPTUS,

A DIEU, AU ROI, A LA PATRIE.

A PARIS,

Chez LEROUGE, Libraire, Cour du Commerce,
Passage de Rohan.

1817.

AU ROI.

Sᴉʀᴇ,

Sɪ les trois *Adresses que je viens déposer au pied de votre Trône auguste, ne sont pas l'unique et pur effet de mon amour et de ma vénération sans bornes pour mon Souverain; si elles ne sont pas dictées par un zèle tout de feu pour la gloire et le bonheur de ma Patrie; enfin, si elles sont viciées par quelques vues d'ambition, d'intérét personnel ou de vaine gloire, que celui qui en est l'auteur soit anathème.*

(ᴅɪᴇᴜ ᴍᴇ ᴠᴏɪᴛ ᴇᴛ ᴍᴇ ᴊᴜɢᴇ.)

LES TROIS ADRESSES.

A DIEU, AU ROI, A LA PATRIE.

A DIEU.

Être immortel ! toi qui gouvernes des milliers de mondes avec une précision et une sagesse qui n'ont pas même besoin de la moindre réflexion ! Toi qui trouves toujours en toi-même une certitude infaillible pour le succès de tout ce que ton génie sublime a conçu, et qui l'amènes en triomphe et sans obstacle à sa plus stricte exécution ! Toi qui imposa à la mer des bornes que, dans sa plus grande fureur, elle ne saurait passer, et qui lui dit : « Tu viendras jusqu'ici, mais tu y briseras l'orgueil de tes flots ! » Toi à qui rien n'échappe, et qui, du haut de ton trône de gloire, voit le trouble et l'agitation de la France, se répandant, par de funestes influences, sur presque l'Europe entière : permets à un faible mortel de te faire une question ?

Comment se peut-il que cette France, en faveur de laquelle tu viens d'opérer un miracle éclatant en lui rendant ses illustres Chefs, dont un pouvoir tyrannique et usurpateur la privait depuis vingt-cinq ans ? comment se peut-il, dis-je, que ce beau royaume, qui fut toujours favorisé par toi, et qui doit t'être bien cher, soit encore si malheureux, et laisse même apercevoir dans son sein toutes les semences de la division et de la discorde ? Pourquoi, après tant de merveilles de ta bonté, reste-t-il toujours dans la plus cruelle incertitude sur ses destinées à venir ? Se serait-il donc rendu tout-à-fait indigne de tes faveurs ? et, en dernière analyse, l'aurais-tu définitivement abandonné à son malheureux sort ? Lui qui, durant tant de siècles, répandit un éclat qui éblouit, qui étonna tous les peuples, et qui remplit de ses trophées et de son glorieux nom une partie de l'univers ? lui qui fut toujours considéré comme le premier modèle des vertus sociales, des principes délicats, de la vraie civilisation; lui enfin qui, depuis son premier Roi chrétien (*Clovis*), a toujours conservé, pur et sans tache, le dépôt sacré de ta foi!

Daignes te rappeler, ô suprême et unique animateur de toutes choses! de cette bonté ineffable que que tu te plus à signaler dans tous les siècles. Daignes te rappeler que tu es toujours ce même Dieu magnanime et tout-puissant qui, dans des temps éloignés, ayant annoncé à la superbe ville de Ninive, que pour ses iniquités elle allait être détruite, te laissas néanmoins fléchir par son repentir et par ses larmes, et arrêta le bras terrible dont tu étais prêt de la frapper. Rappelles-toi encore que, lorsque tu eus condamné deux villes scélérates, *Sodome et Gommorrhe*, à être réduites en cendres par le feu du ciel, tu engageas ta parole envers un ancien patriarche, que s'il s'y trouvait seulement dix justes, en leur considération elles seraient épargnées; et que ce ne fut sans doute que parce qu'il ne s'en trouva pas un seul, qu'elles subirent leur terrible jugement, et finirent par être exterminées.

Mais si la France (comme il n'est pas douteux) t'en offre des milliers, fais grâce, par rapport à eux, à sa généralité; ramènes dans son sein ses anciennes vertus, son amour, et surtout son respect pour ses Souverains! Ramènes-y le commerce, l'abondance, le bonheur; le bonheur, dis-je, dont elle renferme en elle-même, et sous mille formes différentes, le germe le plus infaillible et le plus précieux; fais surtout revivre en elle cet esprit d'union et de paix, dont plusieurs règnes atroces avaient sapé jusqu'aux fondemens.

Qui mieux que toi connaîs le prix inestimable du don que tu viens de lui faire, en lui rendant ses légitimes Souverains, et en les lui rendant ornés de toutes les vertus? En effet, de combien de traits généreux et sublimes n'ont-ils pas déjà embelli le trône depuis qu'ils l'occupent? Quel empressement, quelle ardeur à soulager tous les malheureux, et même (pour parler avec franchise) combien d'éponges indulgémment passées sur plusieurs individus, qui certes ne le méritaient pas !

O vous, nobles infortunés de toutes les classes ! qui, par un courage invincible et une fidélité à toute épreuve, n'aviez jamais voulu fléchir le genou devant Baal, et qui vous étiez vus cruellement arracher vos biens, votre existence ! parlez, et dites-nous : si tous nos Princes, sans exception, ne vous semblent pas avoir fait entre eux un pacte de famille pour venir adoucir (autant que possible dans les circonstances) des maux dont ils ne furent jamais les auteurs ? et cela, en se condamnant eux-mêmes à des privations personnelles toujours inconnues à ceux qui occupent le trône ?

Dans les différens règnes qui avaient précédé leur heureux retour, tu vis à ta tête, ô malheureuse France ! des maîtres impudens et impitoyables qui, en se narguant de ta bonhommie apparente, mais bien plutôt forcée, te pressuraient par une terreur que l'on a peine à comprendre; te pressuraient, dis-je, jusqu'à la moelle des os : te demandaient avec une soif insatiable, et tes biens et ton sang ! Tes nobles et généreux Princes, au contraire, te demandent ton amour, ta reconnaissance ; se sacrifient eux-mêmes, et se pressurent pour toi !

Que tant de provinces et de villes, frappées de quelques funestes catastrophes, élèvent aussi la voix ! qu'elles disent avec quelle touchante bonté et quelle promptitude la munificence royale, portée sur les ailes de l'amour paternel, a volé à leur secours.

Qui oserait me dire : vous exagérez ! vous chargez vos tableaux ! lorsque j'entends sans cesse de certaines personnes prévenues, et qui ne sont point, par leur opinion, les soutiens du trône, convenir de tout ce que je viens d'avancer, et ajouter avec une sorte de franchise : tout ce que vous dites est vrai ; mais l'on ne peut se dissimuler que le temps s'est furieusement trompé, en assignant au règne de tels Princes une époque qui contraste si fort avec tant de vertus, et dont les peuples de l'âge d'or, par un reflet à leur tour de vertus, pouvaient seuls être dignes.

Ne craignez point aussi de mettre au jour le sentiment dont vous devez être pénétré ; ô vous qui, par une conduite détestable, aviez mérité la mort, et qui vivez !

Quant à vous, méchans opiniâtres et incorrigibles, qui êtes assez stupides pour vous nourrir encore d'idées de troubles et de révoltes ! qui entretenez au-dedans de vous une haine impuissante et ridicule, qui n'a pas même une ombre de fondement ; tremblez ! taisez-vous ! et respectez au moins ce que vous êtes incapables d'admirer.

AU ROI.

SIRE,

LA France ! ce superbe royaume, qui depuis tant de siècles brillait comme un astre au milieu des nations, et que ces mêmes nations, par une impulsion invincible, par un goût prononcé, par un accord secret et unanime, prenaient évidemment pour leur modèle en tout genre ; la France ! ce noble et sublime héritage que vous ont transmis vos illustres Aïeux, est arrivée à une de ces grandes époques qui doit nécessairement ou la régénérer et l'élever encore au-dessus d'elle-même, ou la laisser triste et languissante, gémir et pleurer peut-être avec des larmes de sang, l'affreuse éclipse de ses vertus, de son honneur, et de sa gloire passée.

Mais qui oserait, au moment où déjà elle vous doit de si beaux triomphes, adopter une pareille idée ? idée qui contrasterait si fort avec ces mêmes vertus, cet honneur et cette gloire dont vous lui donnez sans cesse le plus rare exemple, et dont elle a encore pour l'avenir, en votre auguste Personne, le gage le plus certain, puisqu'il est fondé sur les droits les plus légitimes, et qu'en remontant sur le trône, vous y apportez les qualités les plus éminentes!

En effet, ne faudrait-il pas être ou bien aveugle, ou bien méchant, pour ne pas vous voir, SIRE, ainsi que votre auguste Famille, comme des astres bienfaisans qui viennent de se lever sur la France, malheureuse à l'excès depuis vingt-cinq ans. Est-il quelques traits de bonté, de clémence, de magnanimité qui aient pu échapper à votre grand cœur? et même (pour parler un langage vulgaire), ne semblerait-il pas qu'il a un peu excédé les bornes à l'égard de certains êtres qui en étaient horriblement indignes, et dont la fortune, aussi gigantesque qu'injustement acquise, sacrifiée aux besoins de la France épuisée, eût paru comme une ressource tout-à-fait légitime, et commandée par la nécessité?

Mais puisque votre haute sagesse, SIRE, a vu, non pas plus de justice, mais plus de noblesse et de grandeur dans le procédé contraire, qui pourrait se permettre de la juger elle-même, lorsqu'il est évident qu'elle prend toujours pour règle de sa conduite tout ce qu'il y a de plus généreux et de plus saillant?

Il est comme impossible, SIRE, que personnellement vous ayez des ennemis; vos actions, vos vertus ont acquis pour cela trop d'empire, mais comme Roi, vous en avez nécessairement. La raison en est simple: vous n'êtes pas un Dieu, et il faudrait en être un pour rendre tout à coup content et heureux un peuple immense accoutumé, depuis longues années, à se nourrir d'erreurs et de prestiges, n'ayant plus en général que des idées fausses, souvent même extravagantes sur la religion, la morale, la délicatesse, et le véritable honneur: une génération presqu'entière vient d'être élevée sous de tels principes, à peine une génération future suffira-t-elle pour s'en désabuser. Et pour revenir à mon idée, un Dieu, à moins qu'il n'employa à cet effet la voix des miracles, ne pourrait de sitôt en vaincre les difficultés.

J'ai dit, SIRE, que la France était parvenue à

une de ces grandes époques qui demandent évidemment sa régénération ; j'aurais pu dire, qui la commande ? Il serait inutile, pour le prouver, d'entrer dans des détails déjà que trop connus ; mais les détails dans lesquels il est indispensable d'entrer, c'est sur la manière de s'y prendre.

Il faut absolument à la France quelque chose de nouveau et de grand, qui, en se présentant soudain sous l'aspect le plus imposant, fixe tout à coup son attention, et la distraie impérieusement de mille réflexions pénibles, de mille questions épineuses et incertaines qui l'occupe presque uniquement ; et qui, s'insinuant dans les chaumières comme dans les palais, ne tendent qu'à troubler son repos. Rome, dans ses besoins les plus pressans, eut toujours l'habitude de se nommer un dictateur ; pourquoi ? parce que non-seulement on lui connaissait, ou on lui supposait des talens supérieurs, mais parce que, devenant le point central de la confiance publique et d'une soumission aveugle, il se trouvait par lui - même tout-puissant, et capable d'opérer les plus grandes choses.

La France n'a certainement pas besoin d'un dictateur, mais elle a besoin de se bien persuader qu'elle le possède en la personne de son auguste Souverain, et qu'elle a en lui un ange tutélaire, un régénérateur et un père, qui, réunissant les vertus aux talens, peut en très peu de temps lui faire oublier ses malheurs, et la replacer dans cet état de prospérité et de gloire qui lui est propre, et pour lequel elle possède en elle-même les ressources les plus évidentes et les plus infaillibles.

Tout le monde sait que le Ciel doua Votre Majesté d'un grand caractère : puisse-t-elle être convaincue que voici le vrai moment de le développer ! Tout le monde sait qu'il l'épura dans le creuset de l'adversité, qu'il lui donna le temps d'acquérir des connaissances profondes, et de méditer de grandes choses : voici l'instant le plus propre à en faire usage. Vous n'avez besoin, Sire, pour les opérer, que de bien connaître tous ceux qui vous entourent, et de laisser toujours apercevoir, à côté de la bonté d'un père, la majesté d'un Roi.

Toute la science d'un Souverain, et sa véritable gloire, consistent essentiellement à se faire aimer et respecter de son peuple, et à le rendre heureux : celles du peuple, à son tour, consistent à savoir se rendre digne, par sa docilité et sa soumission, de l'amour de son Souverain et de ses tendres sollicitudes ; mais il faut pour cela, de part et d'autre, une entière confiance, et que cette confiance soit établie sur des bases solides et inébranlables. Ces bases solides ne peuvent être qu'une sage et libre Constitution, qui, en dépôt entre les mains de tous, retrace sans cesse, et impérativement à chacun, et ses devoirs et ses droits.

La France, à proprement parler, n'eut jamais de Constitution, c'est-à-dire de lois fondamentales assez décisives et assez puissantes pour fixer invariablement son mode de gouvernement, et pour en imposer, dans l'occasion, au peuple et au Souverain. Elle eut dans son principe la loi salique, loi de circonstances donnée par Pharamond, loi surannée et insuffisante ; elle eut ensuite les capitulaires de Charlemagne, des décrets royaux, et enfin, malheureusement, ses états-généraux. Dans ce moment elle a cette Charte constitutionnelle qui intrigue tant les esprits, et qui a cela de remarquable, qu'elle est un signe sensible de la justice, de la générosité et de la loyauté du Souverain ; chose à laquelle peut-être on donne une trop faible attention.

On ne peut disconvenir que cette Charte a pour elle des principes trop justes, trop naturels et trop solides pour ne pas s'y attacher ; aussi est-ce sur ces mêmes principes qu'une Constitution nouvelle, décisive et invariable, doit être rédigée ; la circonstance du moment se présente, pour cette opération, sous les formes les plus séduisantes et les plus propres à inspirer la plus parfaite confiance.

Vous êtes entouré, Sire, d'un illustre sénat, et

des députés non moins illustres accourent de toutes vos provinces, pour déposer au pied de votre trône, l'amour, le respect et les vœux de votre immense famille, et pour s'occuper avec vous de vos grands intérêts et des siens. Cette Charte constitutionnelle, après avoir été consentie et voulue par vous, est devenue votre ouvrage ; elle doit être respectée, et par suite annexée et confondue dans ce qui doit porter à l'avenir le nom de *Constitutions françaises.*

Ces Constitutions, loin de détruire la Charte, donneront à son esprit et à ses principes un plus grand développement, et tendront à un même but ; celui de retracer à chacun ses devoirs, et de les lui retracer sous des emblèmes sacrés ; les choses que l'on ne pourra se dispenser d'y ajouter, parce qu'elles seront analogues aux circonstances, tendront toujours au plus grand bien, c'est-à-dire au bien général, et sous quelque prétexte que ce soit nul ne pourra s'en dispenser.

Ces Constitutions, librement consenties par vous et par vos peuples, après avoir été promulguées de la manière la plus solennelle dans toutes les parties du Royaume, auront pour elles toute la force des lois, et le premier devoir de toutes les autorités sera de s'y conformer. En vous seul, Sire, résidera la plénitude du pouvoir exécutif ; et nombre de questions agitées, en ce moment plus que jamais, deviendront par-là vaines et inutiles. Votre Majesté créera un seul et unique Parlement, qui sera irrévocablement fixé dans la Capitale, et dont les membres, indifféremment choisis dans toutes les classes, seront parfaitement connus par des talens distingués et par leurs vertus. Votre Chambre des Pairs et votre Parlement deviendront comme les soutiens naturels du trône, et comme l'objet de la confiance publique. Les députés, après avoir consommé avec vous, Sire, cette grande œuvre, retourneront couverts de gloire dans leurs foyers, et y porteront une décoration à votre choix, qui deviendra le signe visible et sensible de vos bontés, et qui attestera qu'ils ont eu la gloire et le bonheur de vous seconder dans l'acte régénérateur de la Patrie.

Mais, dira-t-on, par cette adresse faite au Roi, qui semblerait être comme une espèce de plan que vous proposez pour régénérer la France, la délivrer de tant de maux qui l'accablent, et lui rendre son ancienne splendeur, vous effleurez à peine les moyens propres à la faire parvenir à ce but, et vous n'entrez point assez dans les détails. Je répondrai, qu'en soumettant mes idées aux lumières de mon Souverain, je ne prétends point me donner le ton d'un législateur, mais simplement jouir du droit qu'ont tous les Français, de proposer ce qu'ils croient pouvoir être utile à leur Patrie. Quel est en effet le but général de tant d'idées particulières, de tant de vœux jusqu'ici inutiles, de tant d'écrits et d'opinions qui se contrarient et qui fixent exclusivement l'attention de toute la France, si ce n'est l'amour de cette même Patrie, puisque tout autre but serait un crime? Que signifie ce désir si généreusement manifesté du Souverain, cette Chambre des Pairs, celle des Députés? Quel peut être leur objet, si ce n'est d'unir toute la majesté du trône, toutes ses prérogatives, au bonheur et aux droits du peuple? Si cependant, pour donner une sorte de consistance à ce que j'ai mis en avant, il est nécessaire de tracer ici quelques-unes de mes réflexions, je le ferai volontiers; mais en peu de mots.

Je dis donc que, par une Constitution sage et prévoyante, et que l'on peut regarder comme presqu'achevée, le Souverain se trouvant seul investi de la plénitude du pouvoir exécutif, règne comme ont régné ou dû régner tous les Rois ses prédécesseurs; et qu'il n'est point un Roi constitutionnel, mais qu'il est le Chef suprême de la Constitution; son premier propriétaire et son tout-puissant défenseur. Que par les deux autorités qu'il a sans cesse à ses côtés, la Chambre des Pairs et le Parlement, il n'a nullement à craindre qu'on donne jamais à lui-même, ni à ses successeurs, le titre inconnu en France de *despote*, puisque les deux autorités auraient le droit, dans l'occasion , de lui faire les représentations convenables ,' et de le rappeler à l'esprit de la Constitution dont il s'est rendu le soutien et le garant.

Cette base une fois adoptée , paraîtra sans doute aussi puissante qu'infaillible pour produire les heureux résultats qui semblent lui être comme naturels ; j'entends les moyens les plus prompts pour réunir sous un seul point de vue tant d'opinions éparses , et ramener à une décision unique , tant de questions agitées dans ce moment sur les droits respectifs du Souverain et du peuple.

Quant au bonheur après lequel la France soupire et dont elle est privée depuis si long-temps , il serait sans doute inconvenable , d'après ce que nous venons de dire , de développer ici les moyens par lesquels elle peut y parvenir ; ce serait tracer en quelque sorte aux autorités revêtues de tout pouvoir à ce sujet , la marche qu'elles doivent tenir ; ce serait ne donner qu'une demi-confiance à leurs lumières , et au zèle sans bornes dont elles doivent être animées. Qu'il me soit seulement permis d'esquisser ici , en peu de mots , un aperçu de ce qui me paraît le plus urgent dans la circonstance pour ramener la paix et la confiance publique. Personne n'ignore le triste état de nos finances , et que nous avons une dette énorme à acquitter ; que notre commerce est anéanti , et que nous sommes assujettis , par une nécessité indispensable , à de très-fortes impositions ; que de là naissent le trouble , le mécontentement et le murmure ; peut-être même des dispositions à la révolte ; que des malveillans , éternels ennemis de la Patrie , ne demandent pas mieux que d'allumer dans son sein l'horreur d'un incendie , afin de pouvoir , à la faveur d'un pillage et d'une désolation générale , y pêcher en eau trouble , et rassasier leur affreuse cupidité ; que la cherté du pain , et les disettes factices qui souvent se manifestent sous un aspect effrayant , sont leur ouvrage ; personne , dis-je , n'ignore qu'il faut apporter les plus prompts remèdes à tant de maux , et chacun en particulier le demande à grands cris : mais quels sont ces remèdes ? Selon moi , les voici, et, non-seulement je les crois uniques, mais impératifs.

Puisque la pénurie de nos finances paraît comme la principale cause de nos malheurs, depuis que le retour momentané de l'usurpateur les a laissées dans l'état le plus déplorable , il est clair que leur restauration, si on continue de laisser simplement aller les choses du pas dont elles vont , au lieu de mettre en usage des ressources nouvelles et extraordinaires, devient comme impossible , ou au moins si difficile, qu'elle ne pourra guères avoir lieu que sous nos arrières-petits neveux.

Le premier moyen pour parvenir promptement à leur donner une consistance solide et rassurante , et qui doit paraître à toute âme bien née aussi raisonnable que légitime ; c'est de mettre en quelque sorte un impôt sur le luxe , en puisant dans les grandes fortunes les ressources nécessaires pour soulager la grande famille , sans accabler le malheureux ; mais , pour cela , il faut partir d'une base qui ne laisse aucune équivoque : il faut que tout propriétaire jouissant d'une rente qui passe quinze mille francs , soit tenu de faire à la Patrie , pendant deux ans seulement , le sacrifice d'un quart du revenu dont il jouit en sus des quinze mille francs dont nous venons de parler, et qui doivent toujours rester intègres dans ses mains.

Ceci présente au premier abord quelques difficultés, et l'on demandera sans doute quelle marche il faudra tenir pour être juste dans une opération d'une aussi vaste étendue ; je répondrai : que ce doit être absolument la même que celle que l'on tient pour la répartition des différens impôts ; on fera la même question relativement aux fortunes qui ne sont pas clairement connues , mais ma réponse sera aussi la même.

Le second moyen , c'est de soumettre tout acquéreur de biens nationaux à la loi de l'enregistrement, sans distinction de biens ecclésiastiques ou séculiers ; ce procédé auquel nul , sous aucuns prétextes , ne pourrait rien avoir de raisonnable à objecter, réunirait double avantage ; celui de constater selon l'usage, d'une manière légale, l'acquisition desdits biens, et celui de leur donner le rang et le titre si intéressant de possession patrimoniale.

Ce qui résulterait du droit d'enregistrement formerait une somme considérable, dont le Gouvernement s'attribuerait la moitié, et dont l'autre serait consacrée au soulagement des divers particuliers qui, par un effet de la tyrannie, ont malheureusement perdu leur fortune. Voilà, selon moi, la vraie manière, la manière la plus convenable et peut-être l'unique, pour adoucir des maux dont la dignité et la délicatesse nationale gémissent en secret, sans avoir pu jusqu'ici y apporter aucuns remèdes. Voilà en même temps une resource dans laquelle on pourra puiser des moyens infaillibles pour donner au Clergé une existence, modeste à la vérité, mais digne cependant des fonctions sublimes dont il est chargé. Que l'on ait assez de zèle et de fermeté pour réduire en pratique tout ce que je viens de proposer, et je réponds que bientôt on verra diminuer considérablement les impôts ; l'on verra la cherté du pain ramenée à un prix raisonnable ; le commerce refleurir ; l'étranger satisfait s'éloigner de nos murs ; et une foule de mécontens réduits au silence.

A LA PATRIE.

O Patrie ! nom cher ! nom sacré ! dont peu de personnes savent apprécier le mérite et le prix ; étoutes la voix d'un de tes plus fidèles amis ; reçois ses vœux ! tes malheurs sont assez connus pour qu'il soit permis d'en parler librement : Tu as perdu cette paix avec toi-même ; cette tranquillité, cet accord dont tu jouissais il y a vingt-cinq ans, et tu n'en connais que trop et la cause et ses affreuses conséquences ; mais le mal est-il donc sans remède ? et t'est-il impossible de recouvrer ce que tu as perdu ! non, certes ! mais tâchons de découvrir le cruel ennemi de ton bonheur, et allons le chercher jusque dans ses repaires les plus cachés.

D'abord, l'irréligion et les faux principes forment la tête de ce monstre hideux ; l'égoïsme, l'insensibilité, et peut-être quelques touches de barbarie, tristes résultats de vingt-cinq années passées dans le sang et le carnage, en composent le reste du corps. La prévention, l'entêtement, l'amour-propre, et surtout l'opiniâtreté, viennent ensuite se mêler de la la partie : chacun veut raisonner et trancher à sa guise dans des questions qui, embrassées dans leur ensemble, présentent mille et mille difficultés, et qui vu les circonstances critiques, deviennent d'une importance si majeure, que les sept Sages de la Grèce, si vantés pour leurs connaissances sublimes, et leurs talens y auraient peut-être échoués.

Cependant, parcourez les villes et les campagnes, ou même fixez-vous dans vos sociétés habituelles, si vous y consultez l'opinion politique, que découvrirez-vous ? des oppositions si prononcées, des vœux si contradictoires, que quelque génie que vous ayez, votre jugement restera comme en suspens, et craindra même de se prononcer. Pour ramener donc toutes ces opinions divagantes, et les diriger comme malgré elles vers un point central, il faut nécessairement des lois imposantes revêtues de toute espèce d'autorité : il faut une Constitution sage et libérale qui, prononçant et décidant entre ces diverses opinions, leur impose silence et les soumette à son empire.

Il faut surtout qu'elle fasse taire, qu'elle anéantisse pour jamais ces bruits si faux et si dangereux dont se sont tant de fois servis les malveillans, ou plutôt les perturbateurs du repos public, pour exciter à l'insoumission et à la révolte ; tels que de rétablir les droits féodaux ; de faire restituer les biens nationaux, etc., etc. L'idée d'une telle restitution me paraît si absurde et si inconséquente, que je dirais volontiers à celui qui en nourrirait l'espoir : Quoi ! pour votre intérêt particulier, vous consentiriez à voir bouleverser toute la France, à voir le sein de votre Patrie cruellement déchiré par ses propres enfans, et abreuvé par des torrens de sang ! Quoi ! vous le pensez, vous le désirez ! et vous êtes un homme ! non, vous êtes un monstre ! il ne s'agit pas de dire : Mais la chose, dans son principe, n'est-elle pas juste ? Qu'elle soit juste tant que vous voudrez, elle est impraticable, et toute tentative à ce sujet, non-seulement ne réussirait pas, mais entraînerait infailliblement votre propre perte, qui, dans la vérité, d'après vos principes, serait peu de chose, mais celle de la France entière.

Que les acquéreurs des biens nationaux, par un sentiment noble et généreux, traitent avec les anciens propriétaires ; qu'en qualité de frères, ils leur sacrifient librement, et parce qu'ils le veulent bien, une part quelconque des avantages dont ils jouissent par leur acquisition, c'est très-bien, et un tel procédé les couvrira de gloire ; que quelques-uns même y attachent un devoir de délicatesse, c'est encore mieux ; mais c'est tout ce qu'on peut dire à l'avantage de la chose.

O Patrie ! toi qui réunis en toi-même toute espèce de droits à la gloire, au bonheur, à la considération la plus distinguée ! toi qui possèdes dans un degré éminent toutes les qualités, toutes les ressources imaginables pour te relever de tes chutes, pour réparer promptement tes pertes, et te replacer dans ce rang sublime que ta saine partie ne perdit jamais qu'en apparence ! toi qui trouves dans ton Roi légitime l'amour d'un père, le zèle infatigable d'un Souverain, le faisceau sacré de toutes les vertus ! saches apprécier ton bonheur, saches en faire un noble et digne usage ! tels sont les vœux de ton plus fidèle et de ton plus sincère ami. L. C. D. S. M.

DE L'IMPRIMERIE DE LEFÈVRE, RUE DE BOURBON, N°. 11.